Inhalt

Auslandsaufenthalt

Kernthesen

Beitrag

Fallbeispiele

Weiterführende Literatur

Impressum

Auslandsaufenthalt

I. Zeilhofer-Ficker

Kernthesen

- Der Nachweis eines Auslandsaufenthalts ist heute für viele lukrative Positionen als Fach- oder Führungskraft oft selbstverständliche Voraussetzung.
- Einen Auslandsaufenthalt kann man in jeder Lebensphase absolvieren: vom Schüleraustausch bis zur Entsendung als Expatriat gibt es vielfältige Möglichkeiten, interkulturelle Erfahrungen zu sammeln.
- Die Entscheidung zum Leben im Ausland muss gut überlegt und geplant sein: ein Drittel aller Auslandsaufenhalte wird wegen mangelhafter Vorbereitung oder falscher Erwartungen vorzeitig abgebrochen.

Beitrag

Die Themen "Europäisierung" und "Globalisierung" sind in aller Munde. Längst reichen die Auslandserfahrungen, die man durch Urlaubsreisen vorweisen kann, nicht mehr aus, um für die Anforderungen des globalen Markts gerüstet zu sein. Durch den Aufbau internationaler Wirtschaftsbeziehungen ist bei den Unternehmen ein zunehmender Bedarf an Mitarbeitern entstanden, die neben weitreichenden Sprachkenntnissen über umfangreiche, interkulturelle Erfahrung verfügen und zur Mobilität bereit sind. (1)

Möglichkeiten zum Auslandsaufenthalt

Die Möglichkeit, Erfahrungen im Ausland zu erwerben sind vielfältig und beginnen schon im Schulalter mit Schüleraustausch-Programmen. Nach dem Schulabschluss kann man als Au-Pair ins Ausland gehen oder den Zivildienst in einem anderen Land ableisten. Wer sich zum Studieren entschließt, kann eine renommierte Universität im Ausland wählen oder wenigstens einige Semester oder Praktika dort ableisten. Internationale Großfirmen bieten ihren Auszubildenden oft die Möglichkeit zur Auslandserfahrung; und wenn man im Job bereits Fuß gefasst hat, kann man den MBA im Ausland ablegen.

Durch die EU-Gesetzgebung zur freien Wohnort- und Arbeitswahl gibt es auch kaum noch Probleme, entsprechende Sprachkenntnisse vorausgesetzt, einen Arbeitsplatz in einem anderen Land der Europäischen Union anzunehmen. Doch auch in nicht EU-Ländern hat man unter bestimmten Voraussetzungen die Möglichkeit, die Arbeitswelt einer anderen Kultur kennenzulernen. Der lästige Papierkrieg wird meist vom Arbeitgeber erledigt, wenn man als sogenannter Expatriat für einige Zeit ins Ausland geschickt wird.

Schüleraustausch

Schüleraustausch-Programme werden von einer Vielzahl der deutschen Gymnasien oder Gemeinden angeboten. Diese Programme, die mit Partnerschulen im Ausland durchgeführt werden, beinhalten aber meist nur kurze, gegenseitige Besuche von 2 bis 3 Wochen Dauer. Sie sollen dem gegenseitigen Kennenlernen der Kultur sowie der Vertiefung der Sprachkenntnisse dienen. (2)

Ein halbes oder ein ganzes Jahr dauern die meist von

Sprachreise-Veranstaltern angebotenen Austauschprogramme, bei denen man eine öffentliche oder private Schule im Ausland besuchen und bei einer Gastfamilie oder im Internat wohnen kann. Diese von rund 80 Organisationen angebotene Option ist allerdings eine kostspielige: mit ca. 4.500 bis 6.000 Euro für Flug und Betreuung muss man rechnen, Internate und Privatschulen sind noch teurer. Obwohl unter Ländern wie Großbritannien, Irland, Frankreich, Kanada, Neuseeland oder Australien gewählt werden kann, ist der Klassiker doch der Besuch einer High School in den USA. Seriöse Anbieter vermitteln nicht nur eine Gastfamilie mit Platz an der Schule, sondern bieten auch weitergehende Informationen über das Gastland und das entsprechende Schulsystem und helfen beim notwendigen Papierkrieg. (3), (4), (5)

Etwas anders ist das Programm "Jugend bildet" des Rotary Clubs. Hier stehen 20 Länder auf allen fünf Kontinenten zur Auswahl, darunter "exotische" Ziele wie Simbabwe, Ecuador, Malaysia oder Japan. Die Kosten für Hin- und Rückreise tragen die Eltern des Teilnehmers, der Aufenthalt selbst wird vom Rotary Club bzw. den gastgebenden Eltern finanziert. Obwohl der regelmäßige Schulbesuch Pflicht ist, ist das Ziel eines solchen Aufenthalts nicht vordringlich die Vervollkommnung von Sprachkenntnissen, sondern die "Erweiterung des eigenen Blickfeldes". (9)

Au-Pair im Ausland

Die Aufgaben als Au-Pair sind klassisch: Kinderbetreuung und Hilfe im Haushalt. Wer daran Spaß hat, kann sich für 6 oder 12 Monate in ein Land seiner Wahl vermitteln lassen. Eine Liste der deutschen Au-Pair-Vermittler ist über die Au-Pair Society e. V. erhältlich. (10)

Zivil- oder Freiwilligendienst im Ausland

Wer seinen Zivildienst im Ausland ableisten will, sollte viel soziales Engagement und Enthusiasmus mitbringen. Der "Andere Dienst im Ausland" (ADiA), der zwei Monate länger dauert als der Zivildienst in Deutschland, wird nicht bezahlt und findet oft unter sehr unwirtlichen Bedingungen statt. Rund 1.000 junge Männer entscheiden sich pro Jahr für diese Alternative, obwohl man für Lebensunterhalt zwischen 1.500 und 3.000 Euro selbst aufbringen muss - nur die Reise- und Versicherungskosten werden übernommen. Das Bundesamt für den Zivildienst listet ca. 180 Organisationen, die den ADiA anbieten.

(11), (12)

Kein Ersatz für den Zivildienst, dafür aber billiger, ist die Arbeit für den Europäischen Freiwilligendienst unter dem Motto "Jugend für Europa". Bei freier Unterkunft und Verpflegung wird den Teilnehmern für die Arbeit an einem sozialen, kulturellen oder ökologischen Projekt sogar noch ein kleines Taschengeld gezahlt. Dafür müssen Reisekosten und Versicherung vom Teilnehmer selbst getragen werden. (13), (15)

Auslandsaufenthalt für AZUBIs

Laut Umfrage des Instituts der deutschen Wirtschaft Köln fördern rund 18 Prozent der Ausbildungsbetriebe einen Auslandsaufenthalt ihrer Lehrlinge. Viele AZUBIs erhalten die Möglichkeit eines Praktikums im Ausland oder besuchen dort eine berufsbildende Schule. In Baden-Württemberg gibt es z. B. den Sonderausbildungsgang "Internationales Wirtschaftsmanagement mit Fremdsprachen", der einen mehrwöchigen Auslandsaufenthalt beinhaltet. Die EU fördert durch das Leonardo-Programm Praktika von AZUBIs im EU-Ausland mit maximal 5.000 Euro. Auch direkt beim Europäischen Parlament werden verschiedene Praktika angeboten. (14), (15)

Studium im Ausland

Eine Reihe von Optionen gibt es für das Studieren im Ausland. Da die direkte Bewerbung bei einer Auslandsuniversität oft recht umständlich und arbeitsintensiv ist, bieten viele deutsche Hochschulen Austauschprogramme mit Partneruniversitäten an. Die EU fördert diesen Austausch über das Stipendiumprogramm "Erasmus". Studenten, die an Erasmus teilnehmen, bewerben sich an Ihrer Heimatuniversität um einen Studienplatz für die Partneruni. Wer ein Erasmus-Stipendium erhält, dem werden die Studienkosten im Ausland erlassen und er bekommt ein monatliches Taschengeld von ca. 125 Euro. [(15)](), [(16)]()

Der Wunsch im Ausland zu studieren scheitert nicht selten an den hohen Studiengebühren. In den USA zum Beispiel muss man mit ca. 8.000 Dollar pro Studienjahr rechnen. Aber auch für die USA gibt es Stipendien. Teilweise leiden Organisationen wie z. B. die Fulbright-Kommission, die Stipendien vermitteln, sogar unter Bewerbermangel. Weitere Förderprogramme sowie detaillierte Informationen über Studienmöglichkeiten und Praktika im Ausland gibt es über den Deutschen Akademischen

Austauschdienst (DAAD). (17), (18)

MBA

Nach wie vor liegt Deutschland im unteren Mittelfeld, was die Ausbildung für Manager inländischen Fachschulen anbelangt. Die führenden Plätze der Europäischen Business Schools nehmen Insead in Frankreich, die London Business School in Großbritannien, IMD in der Schweiz und das Instituto de Empresa in Spanien ein. (21)

Nachdem hierzulande lange Zeit der Trend zu einer weitergehenden Management-Ausbildung verschlafen wurde, reifte 1997 die Idee in Niedersachsen, eine amerikanische MBA-Ausbildung nach Deutschland zu holen. Mittlerweile gibt es aber etwa 120 Anbieter von MBA-Programmen, von denen allerdings nur rund 90 staatlich oder als gleichwertig anerkannt sind. (20), (21)

In der Regel kann man unter zwei Programmtypen wählen: Das Vollzeitstudium richtet sich in der Regel an jüngere Teilnehmer, während Teilzeitprogramme ermöglichen, die Studien berufsbegleitend, oft am Wochenende und während des Urlaubs durchzuführen. Alle seriösen Anbieter haben aber etwas gemeinsam: ein Großteil des Studiums wird an renommierten Partner-Ausbildungsstätten im Ausland absolviert. Natürlich kann auch das gesamte MBA-Studium an der Auslandsschule absolviert werden. So oder so, das MBA-Studium ist ein teurer Spaß: mit ca. 30.000 Euro pro Studienjahr muss gerechnet werden. Die Investition rechnet sich aber: der MBA-Abschluss bietet immer die Chance, in Top-Führungspositionen zu wechseln. (20), (22)

Arbeiten im Ausland

Viele Hotels und Gaststätten suchen gerade in den Sommermonaten Aushilfspersonal. Touristik-Unternehmen brauchen oft für die Urlaubssaison junge Reiseleiter oder Animateure, die fremden Kulturen gegenüber aufgeschlossen und sprachgewandt sind. Ein Vermögen lässt sich damit aber nicht verdienen: neben Kost und Logis wird meist nur ein geringes Taschengeld bezahlt.

Wer sich für längere Zeit im Ausland verpflichten will, hat innerhalb der EG grenzenlose Möglichkeiten aufgrund der gesetzlich garantierten freien Wahl des Arbeitsplatzes. Im Internet gibt es dazu internationale Karriere-Portale und Jobbörsen, über die Stellenausschreibungen platziert und abgerufen werden können. Beliebte "Auswanderungs-Länder" wie USA, Kanada und Australien haben Bewerbungs- und Auswahlverfahren, über die man eine Arbeitserlaubnis und ein Dauer-Visum bekommen kann. Weitere Informationen gibt es über den Bund der Auslands-Erwerbstätigen e. V. oder die entsprechenden Konsulate. (23), (24)

Viele Großunternehmen entsenden Fach- und Führungskräfte für eine begrenzte Zeit in ausländische Niederlassungen. Jedes Jahr gehen rund 110 000 Deutsche als "Expatriates" für 2 bis 5 Jahre ins Ausland. Oft wird der Auslandsaufenthalt mit Extraprämien versüßt, trotzdem bricht rund ein Drittel der Entsendeten den Aufenthalt ab, rund ein Viertel verlässt das Unternehmen gleich nach der Rückkehr. Gründe dafür sind oft Wiedereingliederungsprobleme sowie die höheren Verdienstmöglichkeiten, für den Mitarbeiter im Ausland. (24), (25), (26)

Hilfen für den gewünschten Auslandsaufenthalt

Egal ob studieren oder arbeiten im Ausland: meist muss vor der Reise ein riesiger Papierberg erledigt, der Umzug organisiert, Steuer- und Versicherungsfragen geklärt werden. Dafür gibt es professionelle Hilfen: Studienveranstalter und Unternehmen bieten Seminare über die Kultur und Gepflogenheiten des Gastlandes an, interkulturelle Assessment Center testen die Auslandseignung ab, die Zeitschrift "Young Professional" hat die Mai-Ausgabe ganz dem Thema "Arbeiten im Ausland" gewidmet. Weitere Informationen gibt es über Konsulate oder Hochschulen. Auf keinen Fall sollte man unvorbereitet den Schritt ins Ausland wagen: ein hoher Anteil der Auslandsaufenthalte wird mangels ausreichender Vorbereitung frühzeitig abgebrochen, ein Viertel aller Auslandsprojekte scheitert an mangelhaftem interkulturellem Management. (27), (28), (29)

Fallbeispiele

Informationen über viele Möglichkeiten im Ausland findet man über die folgenden Internet-Adressen:

- www.auslandsschuljahr.com (6)
- www.educationusa.de (7)
- www.fh-hannover.de/usa (8)
- www.au-pair-society.org (10)

- www.daad.de (18)

Bei BMW gibt es das Ausbildungsprogramm Euro-Azubi, bei dem bis zu einem Viertel der Lehrzeit in Zulieferfirmen oder Werken im EU-Ausland absolviert wird. (14)

Die TU Darmstadt beteiligt sich am internationalen Austauschprogramm TIME (Top Industrial Managers for Europe), mit dem ein Doppeldiplom für Informatiker, Wirtschaftswissenschaftler oder Bauingenieure möglich ist. Zurzeit gehören 37 Hochschulen aus 16 europäischen Ländern zum Time-Netzwerk. (31)

Kleine, effiziente und gut ausgestattete Universitäten in Holland oder Skandinavien bieten ausgezeichnete Bedingungen für deutsche Studenten. Für Abenteuerlustige bietet sich über die Uni Dresden ein Praxissemester in Vermessungstechnik in Indien oder, Chinesisch-Kurs inklusive, über die Fachhochschule Furtwangen das Studium Internationale Betriebswirtschaftslehre mit mindestens zwei Semestern an einer chinesischen Partneruniversität an. (16), (32), (33), (34)

Weiterführende Literatur

(1) Hoher Bedarf an mobilen Arbeitskräften Die Bereitschaft zur Mobilität liegt bei Europas Managern bei nur 17 Prozent, belegt PricewaterhouseCoopers
aus WirtschaftsBlatt, 25.05.2002, Nr. 1629, S. E3

(2) Schüler-Austausch. Beim Duell im Javelot siegten erneut die Gäste über ihre Lehrherren, Mitteldeutsche Zeitung vom 22.05.2002
aus WirtschaftsBlatt, 25.05.2002, Nr. 1629, S. E3

(3) Auslandsaufenthalt. Wie Lernen und Studieren in den USA, Mitteldeutsche Zeitung vom 15.06.2002
aus WirtschaftsBlatt, 25.05.2002, Nr. 1629, S. E3

(4) Hackius, Niels, Verreist Weit weg von zu Hause. Zehn Monate in die USA - ein Schuljahr an einer amerikanischen High School, LVZ/Leipziger Volkszeitung vom 07.06.2002, S. 20
aus WirtschaftsBlatt, 25.05.2002, Nr. 1629, S. E3

(5) "Unser Verein wächst wie Wildkraut" AUSTAUSCH, Bonner General-Anzeiger vom 12.06.2002, S. 09
aus WirtschaftsBlatt, 25.05.2002, Nr. 1629, S. E3

(6) http://www.auslandsschuljahr.com
aus WirtschaftsBlatt, 25.05.2002, Nr. 1629, S. E3

(7) http://www.educationusa.de
aus WirtschaftsBlatt, 25.05.2002, Nr. 1629, S. E3

(8) http://www.fh-hannover.de/usa
aus WirtschaftsBlatt, 25.05.2002, Nr. 1629, S. E3

(9) Paul, Ellen, Julia Pohle lebte im Schüler-Austausch-Programm des Rotary Clubs ein halbes Jahr im Südosten Afrikas, LVZ/Leipziger-Volkszeitung vom 18.05.2002, S. 19
aus WirtschaftsBlatt, 25.05.2002, Nr. 1629, S. E3

(10) http://www.au-pair-society.org
aus WirtschaftsBlatt, 25.05.2002, Nr. 1629, S. E3

(11) Wiese, Thorsten, Zivildienst im Ausland - eine Alternative für Leute bis 25, LVZ/Leipziger-Volkszeitung vom 05.04.2002, S. 9
aus WirtschaftsBlatt, 25.05.2002, Nr. 1629, S. E3

(12) Felix Sinn und die Campesinos 20-jähriger Friedberger leistet seinen Zivildienst in Rivas ab Brief aus Nicaragua
aus Frankfurter Rundschau v. 03.07.2002, S.5

(13) Freiwilligendienst im Ausland
aus Frankfurter Allgemeine Zeitung, 20.04.2002, Nr. 92, S. 65

(14) Unternehmen bieten ihren Azubis Auslandserfahrung
aus Lebensmittel Zeitung 21 vom 24.05.2002 Seite 049

(15) Bernhard, Stefanie, Kreativität und Eigeninitiative werden von der EU belohnt, Nassauische Neue Presse vom 29.06.2002, S. 15
aus Lebensmittel Zeitung 21 vom 24.05.2002 Seite 049

(16) Nicht nur kalt, dunkel und teuer

aus Frankfurter Allgemeine Zeitung, 01.06.2002, Nr. 124, S. 71

(17) Teichmann, Swenia, Auslandsaufenthalt. Spaß an Karriere in Politik geweckt. Späterer Oberbürgermeister als Schüler in USA, Mitteldeutsche Zeitung vom 30.04.2002
aus Frankfurter Allgemeine Zeitung, 01.06.2002, Nr. 124, S. 71

(18) http://www.daad.de
aus Frankfurter Allgemeine Zeitung, 01.06.2002, Nr. 124, S. 71

(19) Studien-Internationalisierung, Doppeldiplome sind Türöffner für den ersten Job, Computer Zeitung Heft 21, 2002, S. 21
aus Frankfurter Allgemeine Zeitung, 01.06.2002, Nr. 124, S. 71

(20) Schröter, Barbara, Karriere-Start an der Leine, Die Welt, Jg. 52, vom 13.04.2002, Nr. 86, S. B10
aus Frankfurter Allgemeine Zeitung, 01.06.2002, Nr. 124, S. 71

(21) Unternehmen bilden sich die Manager von morgen heran
aus Frankfurter Allgemeine Zeitung, 07.05.2002, Nr. 105, S. 17

(22) Lernen fürs Leben am Lake Michigan
aus Frankfurter Allgemeine Zeitung, 04.05.2002, Nr.

103, S. 63

(23) Neu im Netz, Süddeutsche Zeitung vom 06.07.2002, S. V1/17
aus Frankfurter Allgemeine Zeitung, 04.05.2002, Nr. 103, S. 63

(24) Auf Zeit auswandern
aus werben & verkaufen Nr. 22 vom 31.05.2002 Seite B04

(25) Die "Botschafter" der Industrie und Wirtschaft Erfolgreiche Regie für Expatriates from Germany
aus Börsen-Zeitung, 04.05.2002, Nummer 85, Seite B7

(26) Hülswitt, Tobias, Chinesische und deutsche Marsmenschen, taz vom 12.06.2002, S. 15
aus Börsen-Zeitung, 04.05.2002, Nummer 85, Seite B7

(27) Neues Young Professional, Computerwoche Nr. 19 vom 10.05.2002, S. 53
aus Börsen-Zeitung, 04.05.2002, Nummer 85, Seite B7

(28) Eignungstests für Expatriates werden kaum genutzt Interkulturelle Assessment Center testen die Fähigkeiten von Mitarbeitern, die ins Ausland geschickt werden sollen
aus WirtschaftsBlatt, 27.04.2002, Nr. 1612, S. E11

(29) Die fremde Brille auf die Nase setzen
aus Lebensmittel Zeitung 17 vom 26.04.2002 Seite 085

(30) Weidner, Ingrid, PWC-Studie: Mangelnde Mobilität bei Arbeitnehmern. Ausland ja - wenn die Kasse stimmt, Computerwoche vom 31.05.2002, Nr. 22, S. 42
aus Lebensmittel Zeitung 17 vom 26.04.2002 Seite 085

(31) Doppeldiplom für Hochmotivierte
aus Frankfurter Allgemeine Zeitung, 28.05.2002, Nr. 121, S. 61

(32) Leitl, Michael, Coole Schule, Manager Magazin vom 01.05.2002, Nr. 5, S. 219
aus Frankfurter Allgemeine Zeitung, 28.05.2002, Nr. 121, S. 61

(33) Werner, Sandra, Stefan Dieball wählte Indien für Auslandsaufenthalt, LVZ/Leipziger Volkszeitung vom 18.06.2002, S. 18
aus Frankfurter Allgemeine Zeitung, 28.05.2002, Nr. 121, S. 61

(34) Sammet, Stefanie, Freier Chefsessel gesucht!; 1, FOCUS vom 15.04.2002, Nr. 16, S. 130-160
aus Frankfurter Allgemeine Zeitung, 28.05.2002, Nr. 121, S. 61

Impressum

Auslandsaufenthalt

Bibliografische Information der deutschen Nationalbibliothek

Die Deutsche Nationalbibliothek verzeichnet diese Publikation in der deutschen Nationalbibliografie; detaillierte bibliografische Daten sind im Internet über http://dnb.d-nb.de abrufbar.

ISBN: 978-3-7379-1154-2

© 2015 GBI-Genios Deutsche Wirtschaftsdatenbank GmbH, Freischützstraße 96, 81927 München, www.genios.de

Alle Rechte vorbehalten. Dieses Werk ist einschließlich aller seiner Teile – z.B. Texte, Tabellen und Grafiken - urheberrechtlich geschützt. Jede Verwertung außerhalb der Grenzen des Urheberrechtsgesetzes bedarf der vorherigen Zustimmung des Verlags. Dies gilt insbesondere auch für auszugsweise Nachdrucke, fotomechanische Vervielfältigungen (Fotokopie/Mikroskopie), Übersetzungen, Auswertungen durch Datenbanken oder ähnliche Einrichtungen und die Einspeicherung und Verarbeitung in elektronischen Systemen.